우회로

조용환
시집

교육과학사

우회로

곧장 가지 않고
돌아가는 일이
나는 늘 불안했다

작은 손해도
작은 낭비도
나는 늘 아까웠다

그런 나에게
시마저 없었다면
나는 그저 빠르기나 했을지 모른다

술에 젖은
눈물의 시 덕분에
나는 기꺼이 우회로를 간다

CONTENTS

제1부

CONTENTS

제2부

CONTENTS

제3부

CONTENTS

제4부

해설

1부

파리 한 마리 기르시겠습니까

내 밥과 반찬이 더러워져도 아주 약간만 더러워지는 것
임을
내 아기의 얼굴을 핥더라도 잠시 그러다 말 뿐임을
병균을 옮긴다 하지만 주변을 깨끗이 하지 않았을 때의
일임을
앵앵거림에 신경이 쓰이면 음악을 조금 더 크게 틀면
됨을
무섭도록 적막한 공간에 뜻하지 않은 비행이 반가울 수
도 있음을
추운 겨울이면 보고 싶어도 볼 수 없음을

그를 통해서
나를 위하지 않는 존재도 있음을
나를 해하는 존재도 알고 보면 나를 해할 뜻이 없음을
모든 존재들이 나와 다름을

그래서 오히려 우리가 하나임을

깨닫고
으레 그러려니 해야 한다
파리를 기르기 위해서는

자책(自責)

산수유가 다시 피었다

작년 산수유 질 때 위로 한 번 하지 않았고
올해 산수유 피도록 기도 한 번 하지 않았는데

산수유가 그냥 피었다

영안실에서

일하다 죽었다
꽤 괜찮은 사람이었는데

사람은 죽어 이름을 남긴다고
이름을 남기려 그토록 일했을까
죽도록 일한 덕에 이름이 남았을까

영안실 칸칸이
일의 양과 조객의 수로
이름을 심판하는 데
사흘 혹은 닷새가 걸렸다

건너 칸 이름 모를 저 댁도
한 일, 못한 일, 남긴 일
하나하나 들추고
하나하나 지워가겠지

여하튼 일에 이름을 새기고
죽었다, 그가
아니, 그도

무좀

무슨 말을 하려는지
안으로 삼키다 못해
열꽃을 피우고

갈라진 목소리로
보살핌이 부족하다
보살핌이 부족하다

세상에 좋은 것만 있기를 바라다니
찢긴 세포로 자라는 생명은
나쁜 것이냐

이 또한
내 살이다
미워하지 말자

그림자

물체를 만들다 지친
빛의 휴식

먼저 나설 수 없는
운명의 이야기

검은 땅을 사모한
하늘의 흔적

안부 물음

당신의 안부를 정성껏 물음은

당신 또한 제 안부를 궁금해 하리라는 믿음이 있어서
물음이 그리움이어서
그리움이 더 큰 그리움의 씨앗이어서
물음과 물음 속에 우리가 있어서
우리만의 물음들이 우리만의 그리움이어서
물음 멈춘 날들의 말할 데 없는 서러움을 알아서
서러움이 물음을 막는 벽임을 알아서
서러움 쌓이어 더 물을 용기조차 영영 잃을까 두려워서
가는 물음만이 돌아오는 물음인 줄 이제 깨달아서
제 안부 먼저 물어주시지 않아도 편안할 수 있어서
누가 먼저 묻고 누가 나중 물음을 더는 탓하지 않을 수 있어서
물음을 묻는 것으로 행복해서
물음을 주시는 것으로 더 행복해서

입니다.

풍경(風磬)

요지부동(搖之不動)의 세상에

텅 빈 흔들림 하나 매달아

뎅그렁

바람 깨어날 때

반야(般若) 하나 살로 파고늘게

지갑

누군가의 살가죽을 잘라
무시로 만져 부를 수 있는
아라비아의 인연을 만드니
이것은 알라딘의 램프다

여기서 너는
구할 수 있고 얻을 수 있고
나눌 수 있다

칸칸이 생활을 담고
반드시 여지(餘地)에 그 생활의 이름을 담으니
그것이 사진이 아니어도 좋고
명함이 아니어도 좋다
오로지 넉넉할 뿐
의지할 뿐

본시 시장의 물건이었다 치더라도

손때에 절어
시나브로 골동(骨董)이 되니
이것이 가슴이 아니고 무엇이랴
팔다리가 아니고 무엇이랴
혹은 눈빛이 아니고 무엇이랴

하니, 접었다 펼칠 때마다
나를 불러다오
주인님, 부르셨나이까

고개

갑자기 숙이지 말 것
땅이 놀라므로

무심코 치켜들지 말 것
하늘이 아프므로

땅과 하늘을 염려할 것
숙일 때마다 치켜들 때마다

ㅋㅋㅋ

세상이 알아주지 않아도 좋다
내가 괜찮은 걸

ㅋㅋㅋ
바보 같은 놈
그런 게 어디 있냐

네 속을 들여다 봐
욕망 덩어리
그러고도 괜찮아?

세상이 알아주지 않아도 괜찮은 건
바보야
네 욕망이 스스로를 속일 때 뿐
네가 네 욕망을 다스릴 수 있다고 착각할 때 뿐

바보야

넌 어차피 욕망 덩어리야

ㅋㅋㅋ

소금쟁이

아침 이부자리
자락자락 염전

진종일 노고가
밤새 일군 땀밭

쓸모없는 소금
피식 웃고 또 하루

야식(夜食)

인간만이 야식을 한다

망설임과 후회를 반복할지라도
이름 모를 허기를 채우고서야
잠을 청한다

어떤 새도 어떤 꽃도 야식을 하지 않는다

욕망의 넘침과 부추김이 없는
그들에게는
채워야 할 밤의 허기가 없다

인간만이 야식을 한다

외로워서
까닭 없이 외로워서

저 깊은 어디선가
구물구물 솟아오는 하얀 공복이
포기와 탕진의 유전자를 건드릴 때

인간은
참을 수 없는 결핍을
제 스스로 만들어 먹어 넘긴다

망설임과 후회를 반복할지라도
습성의 기갈(飢渴)을 풀고서야
망연히 잠이 든다

소수점

넌 키가 얼마니
묻는 말에 그녀가 또박또박 답한다
158.4 센티

아 158
아니 158.4

소수점 한 자리
그 자리만큼 물러서서 그녀를 본다
그러기를 바라는 걸까, 그녀는

소수점 한 자리
그 의미만큼 긴장해야 한다
두 자리가 아니어서 그나마 다행인가

정확해질수록 멀어진다
멀어져야만 정확해질 수 있다

유언에 대한 신화

소크라테스가 죽으며 남긴 말
없다
공자가 죽으며 남긴 말
없다
내 아버지가 돌아가시며 남긴 말씀
물론 없다

말 한 마디 배우기 전에 울면서 태어났던 것처럼
말 한 마디 남길 힘이 없어서
다들 그냥 죽고 돌아가셨다

웃는 것인지 우는 것인지도 모르게
애매모호하게
다들 그냥 죽고 돌아가셨다

엄청난 말이라도 말씀이라도 그분들이 남긴 양
떠벌리는 놈들

다 거짓말쟁이들이다

그러니
남길 말이 행여 있거들랑
미리 미리 하자
말할 힘 있을 때
미리 미리 다 하고 죽자

유언

참 열심히 살았다
힘들구나
푹 자게
깨우지 마라

아니다

일어난다고 깨어나는 것은 아니다
빛을 받는다고 다 밝은 것은 아니다
뛰어 내닫는다고 길을 아는 것은 아니다
주먹을 쥔다고 실로 힘이 있는 것은 아니다
먹는다고 새살이 되는 것은 아니다
말을 건다고 마음을 거는 것은 아니다
웃는다고 참으로 웃고 있는 것은 아니다
운다고 위로를 기대하는 것은 아니다
열심히 일 한다고 내 몫이 남는 것은 아니다
집으로 돌아온다고 쉴 수 있는 것은 아니다
눕는다고 잠 들 수 있는 것은 아니다
안다고 그렇게 살 수 있는 것은 아니다
모른다고 정말 모르는 것은 아니다

무풍지대(無風地帶)

솟대 높이 올려 낮춤의 길을 닦고
아침마다 정화수로 눈 맑음 빌어 비는
하늘 무서운 줄 아는 사람들에게
오롯이 맏이의 제사가 허락되는

나인 나
나라고 불리는 나
그 모든 나 속에서 참 나를 찾는
세상 속에서 세상을 버릴 줄 아는 사람들에게
풍진(風塵)의 오염과 전염이 면제되는

바람이 하늘로만 솟아
땅의 기억을 다 지워내더라도
묻고 또 물어 답을 얻은 사람들에게
그 얻은 만큼 무소유가 소유되는

소도(蘇塗)라 불렀던

존재의 땅
어느 누구도 빼앗을 수 없는
내 마음의 땅

대학가의 젊음

밤이 미처 떠나지 못한
늦은 새벽

귀가하지도 출근하지도 못한
비틀거리는 젊음

이들 어깨 위로
또 하나의 아침이 밝아야 하나

어느 젊음이 어느 시대의 젊음이
이들보다 더 작았으랴마는

길조차 여태 깨어나지 않는
숙취의 동녘

전설이 될 수도 역사가 될 수도 없는
흐릿한 젊음

저들 발길 앞에
어떤 약속을 따뜻이 해야 하나

생존 유감

먹자고 꽃이 피느냐
살자고 별이 뜨느냐

죽기 살기로 먹으려 들어서
못할 일 안할 일이 없으니

먹고 살아야 한다는 말보다
더 무서운 말은 없다

먹지 못해 꽃이 지느냐
살지 못해 별이 잠드느냐

죽기 살기로 모으려 들어서
도리와 염치가 뒷전이니

돈 있고 힘 있어야 산다는 사람보다
더 무서운 사람은 없다

현기증

온통 검은 색 눈앞에
하얀 속도가 스치어간다

온통 하얀 눈앞의 바탕에
더 하얀 무늬가 출렁거린다

온통 흩어져 흐린 무엇들 사이로
수정처럼 맑은 무엇이 보인다

맑은 그 무엇에 초점을 맞추는 순간
흐린 무엇들의 덫에 걸리고 만다

하얀 무늬가 다시 출렁거리고
검은 속도가 왔던 길을 되돌아간다

내가 정말 본 것일까
무엇을 본 것일까

반 년 이후

모든 것이 기울고 있다
모든 것이 무너지고 있다
모든 것이 막히고 있다
모든 것이 젖고 있다
모든 것이 멍들고 있다
모든 것이 죽어가고 있다

아느냐, 그런데도 너희들은 웃고 있느냐
아느냐, 그런데도 너희들은 또 잊어가고 있느냐

아니면, 다투고 있느냐
아니면, 그 혼들을 팔아 무언가를 챙기고 있느냐

육시랄 놈들
죄 없이 죽은 모가지를 다시 베고 있느냐
제발 정신 좀 차리자

그런데
그런데, 너는
욕하는 너는 지난 반 년 동안 무엇을 했느냐
도대체 무엇이 달라졌느냐

그래, 크게 달라질 것 없다
한꺼번에 다 달라질 수도 없다

하지만, 정말 달라지자
제발 좀 달라지자
아가리부터 똥구멍까지
뱃속 창시까지 제대로 달라지자

그래, 나부터 달라질게
나만이라도 달라질게
조금씩이라도 확실히 달라질게

미안하다
내 죄를 뒤집어 쓴 어린 것들아
미안하다
어리지 않아 잊히어진 불쌍한 승객들아

• 세월호 조난사고 희생자들의 넋을 위로하며…

2부

내 딸

이름을 짓고
이름을 부르고
이름을 통해 기뻐하고 슬퍼하지만

정작 내 핏덩어리로
내 속에 살고 있는 너는
이름이 아닌
기쁨도 슬픔도 아닌
그냥 내 딸이다

내가 영원히 있기 위해서
네가 있는 것처럼
네가 잠시라도 기억되기 위해서
내가 있다

아프리카 어느 동쪽 올두바이 계곡에서
바람처럼 시작된 너와 나의 관계는

숱한 이름들 속에서
대대로 기억하고 또 망각하는 가운데

내가 어느 딸의 아들이듯이
너는 그 아들의 딸로서
이렇게 함께 살고 있다

아들에게

태고의 사냥터에서
만난

나는
너의 먹이였다

나를 먹고 사람이 된

사람이 되어
세상의 먹이가 된

정신없이 앞만 보느라
바쁜

너는
어쩔 수 없는 나의 뒷모습이다

꽃잎 약속

이루 말할 수 없어
가슴 가득 쟁인 이야기들
농익어 더 큰 사랑 되었네

다 부를 수 없어
입안 맴돌던 이름들
날숨마다 그윽한 향기 되었네

기다림이 아득할지라도
그리움이 감감할지라도

말할 수 없이 큰 사랑
부를 수 없이 그윽한 향기

밤마다 아침이네
아침마다 이슬이네
이슬방울마다 꽃잎이네

꽃잎
꽃잎
귀한 약속이네

아포리아(aporia)

가시기에
그냥 가시기에
여쭈었습니다, 어디로 가시냐고
스승님은
멀리 앞을 바라보기만 했습니다

가시기에
그냥 가시기에
여쭈었습니다, 왜 가시냐고
스승님은
빙그레 미소만 지으셨습니다

같이 가면서도
같이 가는 게 아니었습니다

그래서 나대로
그러나 같이

그냥 가고 또 가다보니

어느 날
멀리 앞을 바라보며
빙그레 웃고 있는 나를 보았습니다

예수가 제자들의 발을 씻은 까닭은

그들 중에 당신을 모르노라 배반할 자가 있고
어설피 아는 척 할 자도 있고
돌아서서 후회할 자가 있고
진실로 희생하여 가르침 전할 자도 있겠지만

좋은 일도 이 발로 가서 할 것이요
나쁜 짓도 이 발로 가서 할 것이니
이왕이면 잘 씻겨 보내자
잘 씻은 발로 나쁜 길은 아니 가겠지

그건 다 우리 생각이고

예수는 오로지
제자들이 다 내 두 발이요
열 개 발가락들이니
내 몸 어디인들 아껴 씻지 않을까

이들 없으면 내 어찌 있으며
하늘과 땅은 또 어찌 있으리

그저 사랑으로 씻을 뿐
씻으며 더 사랑할 뿐
위로 높임과 아래로 낮춤이
손과 발과 물로 하나 되는 삼위일체가
굳이 그 까닭이라면 까닭일지니

아침기도

낮은 햇살 산안개 걷고
숲의 속살 나긋이 드러낼 때

그늘 깊은 청명 너머
첫 하늘 첫 새 날아오를 때

젖은 잎들 물기 터는
작은 반짝임으로 눈부실 때

살아 있음이 살아 있음이
소름 끼치도록 일렁이고 출렁일 때

나는 부끄러워 미동도 할 수 없다
기도밖에 할 수가 없다

첫사랑 – 류시화 이후

그리움이 너무 커서
신문처럼 접을 수도 없었다고 노래한
시인이 있었다

오늘 내 그리움의 신문은
접고 또 접어
활자 하나 보이지 않을 때까지
눌러 눌러 접어
마침내 까만 잉크로 흘러내리니

나는
시인의 사고방식으로 사랑할 줄도 모르고
지붕으로 올라가 별에 다칠 사다리 하나 없어서

활자가 되기 전의

신문이 되기도 전의
벌거벗은 그리움
저 멀리 저 멀리 놓아
하염없이 바라보고 또 바라보고만 있을 뿐

나의 방

먼 산 너머로부터
먹구름 뚫고 천둥이 달려오는 날
생각 한 줄 만질 수 없이
마음이 깜깜한 날이면

그리 크지도 않은 방에
작은 방을 만들고
그 안에 다시 더 작은 방을 만들고서야
비로소 몸을 우겨넣을 수 있다

접은 몸이 그리도 편한 까닭은
죄가 많아서일 것이다
용서를 구하기 좋은 모습이어서일 것이다

기도를 하라고들 하지만
정작 촛불 하나의 빛도 지니지 못한
칠흑의 방에서는

흐느낌보다 더 절실한 기도가 있으랴

말을 건넬 창문 하나 없는
몸의 벽에 몸이 갇힌 날
한 치 앞으로 나아갈 추억의 힘도 없이
순간과 순간이 멈춘 날

말소리 하나 들리지 않는 방에서
함묵(緘默)의 방을 만들고 또 만드는 까닭은
바람 자락 춤추게 할 촛불이 없어서일 것이다
천둥을 달래던 전설조차 다 망각해서일 것이다

선법(禪法)

이룬 일 없이 세월만 빨리 흘러
마음 조급하걸랑

두 눈 지그시 감고
벽으로 가 앉아

오로지 지금 여기만 생각하며
차 한 잔 마시어라

이러지도 저러지도 못하겠는데
길을 골라야 하겠걸랑

손끝, 발끝, 머리끝, 온 몸 끝
차례차례 힘을 빼고

그 어느 것도 아니다
또 차 한 잔 마시어라

세상 혼탁하고 사람들 떠나고
너마저 미워지걸랑

얼굴 활짝 펴고
느긋한 미소 지으며

다 인연이다
그리고 차 한 잔 더 마시어라

문이 지켜본 노크 소리

방마다
이름이 있고
계급이 있고
사연이 있어서

방과 방 사이
드나듦의 언어가 있어서

이 똑똑
저 똑똑
노크 울릴 때
문이 전하거나 삼켜야 할
서로 다른 이야기들이 있어서

방마다
약속이 있고
사랑이 있고
아픔이 있어서

내 그림자

한 날 한 시에 태어나
내가 크면서 너도 덩달아 커지고
가는 곳마다 나를 졸졸 따라 다녀도
너는 내가 아니고
나는 네가 아니다

함께 어우러지다가도
까닭 없이 쓰렁쓰렁한
너를 나는 모르겠고
아무런 관심도 갖지 않다가
하릴없이 타박하는
내 속내 또한 네가 다 알 리 없다

그늘 속으로 어둠 속으로 가면
너는야 시름 지우고 쉴 수 있지만
나는야 타는 햇살 궂은 눈비 미망의 흑암(黑暗) 어느 하
나도

고스란히 온몸으로 맞아야 하느니
차라리 내가 너였으면 좋겠구나

세월이 나를 왜 할퀴었는지
내 상처들이 언제 나고 언제 아물었는지
내 살 속 깊이 무엇이 드나들었는지
너는 아느냐
정말 아느냐

넌들 날더러 묻겠지
복잡한 길바닥에서 광장에서 갈림길에서
무심히 밟고 지나간 숱한 발자국들
무례히 부딪히고 사라진 이름 없는 어깨들
무망히 스치고 만나고 헤어진 안타까운 이웃 그림자들
에게
언제 네 편 들어준 적이 있느냐고

생각하노니
너야말로 나를 평생 살펴 왔고
나야말로 너를 평생 이끌어 왔구나
어차피 마지막까지 함께 할 사이라면
지청구든 지다위든
우리끼리 토닥일 까닭이 어디에 있겠느냐

가자, 내가 가거든 너도 가자
눕자, 네가 눕거든 나도 눕자

혼자 밥 먹는 사람

재잘거리던 새들 울타리 너머 사라지고
길 잃은 바람 검은 잎들 사이에 졸고
내리쬐던 해 잔광마저 다 스러지고 없는데
찾아드는 늦은 공복(空腹) 괜스레 황망해
이것이 참 허기(虛飢)인지
먹어야 산다는 냉철한 다짐인지
물끄러미 창 너머
앞을 보았다가 또 멀리도 보았다가
작은 밥상 작게 차리는 작은 사람

존재 수업

오전에는
세차게 맴을 돌았다

한 번은 왼쪽으로
또 한 번은 오른쪽으로,
위도를 따라서

적어도 하루에 두 바퀴
세상 둘레로
자전을 하고 싶었다

모든 분별의 시초가 나에게 있으므로

오후에는
물구나무를 섰다

발꿈치는 북극으로

발가락은 남극으로,
자오선을 따라서

하루 한 바퀴라도
세상 밖으로
공전을 하고 싶었다

모든 시초의 분별이 나 밖에서 비롯되었을 것이므로

그리고 지친 밤에는
꼼짝 않고 잠을 잤다

잠이야말로 분별이 없는 시초의 시초이므로

퇴근

타던 줄 위에서 땅으로 내려와
옷살 구석구석 고단을 털어내고
접혔던 어깨 높이 펼치며
편안한 걸음 뚜벅뚜벅 내디뎌 보지만
이미 땅 위에도 금이 그어져 있고 홈이 패어 있으니
애초에는 금이었던 것이
디디고 또 디디어 홈으로 패여
이 긴 홈 저 끝이
참된 안식이거나 소담한 희망이기라도 하다면
내일 다시 오르고 타야 할 줄이라 하더라도
이 저녁만큼은 열린 땅 위에서
쏟아져 내린 별들의 어린 이부자리 속으로
줄도 하늘도 두려움 없이
깊은 잠을 청하겠건만
줄이 높아질수록 아슬아슬함은 날로 더하였고
디디고 서는 땅조차 열림을 잃어 가
종내에는 떨어지고 말리라는 이 두려움

편안히 묻힐 땅조차 없으리라는 이 막연함
그것이 또 홈으로 더 패일 것이니
그것이 또 줄을 더 흔들 것이니
아서라, 이 한 잔은
잊기 위한 것이 아니라 깨닫기 위한 것이다
대낮같이 밝은 도회의 저 밤하늘에서
참된 별들이 쏟아져 내릴 리 없고
어머니가 소생하여 어린 내 이부자리를
여며주실 리 없음을, 그래서
이 한 잔은
깨닫기 위한 것이 아니라 살기 위한 것이다
내일 다시 줄 위로 오를 허약한 다짐을 위한 것이다

병실에서

오고 싶어서 온 것이 아니고
잘못하여 온 것도 아니지만

이 문으로 들어온 이들의 사연과
저 문으로 나간 이들의 이야기로

병실은 언제나 출렁이며
병실답다가 병실답지 않다가

눈길이 창으로 향하면
문은 드나듦을 멎고

발길이 문으로 넘나들면
창은 벽이 되고 말아

좋고 싫음보다 옳고 그름보다
길이라도 있다면 어떻게든 나설 텐데

병실은 언제나 모퉁이여서
바라보면 보이고 돌아서면 보이지 않아

아픔이 몸을 향하면 누었다가
마음이 아픔을 향하면 잠이라도 청했다가

후회

그땐 그랬습니다
지금은 아니지만

그땐 그랬습니다
지금이 아니기에

중환자실 면회 삼십분

물 위에 떠 있는 땅
흔들리는 그 땅 위의 신전

칸칸이 분류된
고통과 장애의 신들

참회의 바늘을 곳곳에 찌른 채
업보의 호스를 잇고 또 이은 채

살고 죽음이 넘나드는 이치를
현란한 그래프로 가르치는 신들

그들에게
부모를 지켜달라고
남편을 살려달라고
자식을 돌려달라고

때로는 신들을 돌보는 여사제를 붙들며
혹은 신들과 소통하는 제사장에 매달리며

엄마, 눈 좀 떠봐요
여보, 제 말 들려요
얘야, 꼭 이겨내야 해

묵묵부답의 신들 앞에서
몸짓 하나하나에 기대와 절망이 엇갈리는

하루 단 두 번
참배객을 받는 무심한 신전

다시 올게
기도할 거야

땅 위로 흐르는 물

물 따라 제 몫의 배를 타고 다시 떠나는

죄를 씻지도 못한 채
용서를 다 구하지도 못한 채

떠나는 자들을
떠나야 하는 자들을

신들은
결코 배웅하지 않는다

모친상(母親喪)

죽음은 가르침입니다

살아서 가르칠 수 없었던
살아서는 가르칠 수 없는
죽음만의 귀한 가르침입니다

죽음은 배움입니다

만지고 보고 들어서는 배울 수 없는
얻음이 아닌 잃음으로 배우는
죽음만의 그윽한 배움입니다

죽음은 가르침도 배움도 아닙니다

모든 가르침이 곧 배움이 아니듯이
배움이 없고서야 가르침이 아니므로

많은 사람들에게
죽음은 가르침이 아닙니다
죽음은 배움이 아닙니다

그들에게
죽음은 잊음일 뿐입니다
죽음은 지움일 뿐입니다

감당할 수 없이 큰 가르침 앞에서
그렇다면 나는
무엇을 배우고 있습니까
무엇을 배워야 합니까

어떤 세월

내가 세월을 살지 못하고
세월이 나를 끌어 사는 때가 있다

홀로 아무 것도 할 수 없는데
홀로 모든 것을 다 해야 하는 때가 있다

새조차 날 수 없는 강풍을 헤치며
고개 숙인 채 모르는 길을 가야 할 때가 있다

새도 바람도 아닌 인간임을
원망할 때가 있다

내가 사는 법

잊혀야 한다

사람들에게서
말 많은 사람들에게서
마음 없이 기억하는 사람들에게서

잊혀야
내가 산다

자리들에서
눈길이 어지러웠던 자리들에서
몸 없이 몸이 머물렀던 자리들에서

잊히기 위해
내가 먼저 잊어야 한다

남은 시간

언제부턴가 남은 시간을 생각합니다
남은 시간을 생각하며
지난 시간을 지워나갑니다

미워했던 일
질렀던 막된 소리
상처 준 사람들

지난 시간은
남은 시간 속에서만
지울 수 있습니다

남은 시간
오로지 사랑만 하며
살아야겠습니다

3부

홍시(紅柿)

말랑해지면서
말랑해질수록

껍질과 살과 씨는
서로를 놓아준다

버려진 껍질은 땅이 되고
살을 먹은 사람은 농부가 되어

잊히지 않은 씨로
새로운 감을 낳으라고

석류

말을 걸기 전에
무슨 말을 어떻게 걸지
깊이 헤아려야

사랑한다면
정말 사랑한다면

왈칵 안기 전에
언제 왜 안아야 좋을지
따뜻이 머뭇거려야

우리이므로
늘 이미 우리이므로

미로처럼 뒤엉켜 있지만
찾을 수 있어
내 자리와 네 자리

그리하여 우리의 자리

별은 아무렇게나 빛나지 않아
빛의 결이 있거든
밤은 아무 때나 별을 품지 않아
품의 결이 있거든

내 결이 있듯이 네 결이 있듯이

촘촘히 박힌 루비들
루비들의 집
참 아름답지 않니

그래서 감사기도를 드리는 거야

말을 걸기 전에
왈칵 안기 전에

포도

밤은 새벽을 건너 아침으로 오고
모두 해를 바라보는 시간
낮달 속에 숨었다가
다시 황혼을 건너 제 집으로 가니

밤에 숨은 낮
낮에 숨은 밤

까만 송이송이
껍질 벗으면 말간 살이 돋고

먼 옛날 너의 달님 이야기
먼 훗날 나의 해님 이야기
씨알로 다 여물게 두고

너와 나는 결국 나눈 만큼 더불어 사는 거야

무에 바람 들면

숭숭 구멍이 생긴다
구멍은 바람의 집이다
단단하던 무의 집이 푸석푸석해진다
집과 집의 싸움이다
패자의 푸석푸석은 쇠퇴다
쇠퇴한 무가 썩기 시작한다
부엌에서 아웃이다
그러나 버려짐이 없어짐은 아니다
바람이 삼킨 무가 바람이 되었을 뿐이다
이제 무는 바람이다
바람이 된 무가 밭으로 간다
밭에서 무가 된다
또 다른 무가 된다

어떤 사람은 바람이 난다
어떤 무는 바람이 든다
이 모두 이합집산(離合集散)이다

난심(蘭心)

저는 당신이 집을 떠나 멀리 출장을 가는 것이 싫습니다
짐을 싸며 흥얼거리는 당신의 콧노래가 싫습니다
한 발짝도 스스로 움직이지 못하는 저를 두고 혼자만 훌쩍 떠나는 당신이 싫습니다
이웃에 맡기고 가야 하나 어쩌나 부산을 떠는 당신의 알량함이 싫습니다
숨이 차도록 넘치게 물을 주고는 '괜찮겠지'라 말하는 당신의 무심함이 싫습니다
저를 처음 만난 날 '귀한 난'이라며 기뻐하던 당신의 초심(初心)이 생각나서 싫습니다
목말라 타드는 제 낯빛을 건성건성 지나치던 당신의 피곤한 일상들이 새삼 떠올라서 싫습니다
출장이라는데 붙들 수도 없는 제 신세가 싫습니다
출장길 어디선가 생명 사랑을 외칠지 모를 당신이 싫습니다
두고 간 저를 행여 걱정이라도 하는 듯 말할지 모를 당신이 싫습니다

돌아와서는 '야 새잎이 났잖아'라 말할 당신의 토막 난 시간의식이 싫습니다
당신이 떠나고 창들마저 굳게 닫힐 깜깜한 이 방이 싫습니다
그마저 작은 이 화분에 갇힌 제가 싫습니다
당신의 출장 하나로 이리도 생각이 많아야 하는 제가 싫습니다

우듬지

여기다, 바로 여기다

끝없는 끝이다
꿈의 첨단(尖端)이다

그토록 궁금했던 하늘이다
있는 그대로 속속들이 만지고 싶었던 하늘이다
하여 하늘을 가리는 것은 다 싫었다
하여 중력의 짐조차 벋음의 벗이었다

남보다 앞서야겠다고 생각지는 않았다
과실을 더 맺고자 탐하지도 않았다
다만 남들이 닿지 않은 데까지 가 닿고 싶었다

멀리, 더 멀리 보고자 했다
그렇다고 뒤돌아보기를 게을리 하지는 않았다
항상 가르지 않고 통째로 꿈꾸었다

하늘이 늘 내려다보고 있었기 때문이다

끝 모를 끝이다
꿈의 선두(先頭)이다

여기다, 지금 여기다

올해 진달래

잘 보세요,
작년 진달래가 아닌
올해 진달래입니다

갑작스레 피었다고
놀라지 마세요
꽃으로만 보니까 그렇지
가을 지나 겨우내
몸으로 다 살아 있었답니다

바람 끝이 아직도 매서운데
대단하다고요
하긴 뭐
첫 꽃 이 뽐냄을 당할 게 어디 있을라구요

내일 모레 산 위로 번지어가면
다른 꽃들 속에

진달래도 피었구나
시큰둥하겠지요

그래도
올해는 작년보다 더
진달래답게 살아볼 거랍니다

진달래 앞에서

사리(事理) 분별을 못한다는 아이들
어른들이 한다는 사리 분별

봄 산 붉게 물들이는
이 진달래가 진달래인가
꽃 지고 잎 스러진
겨우내 저 진달래도 진달래인가

나는 아나 진달래를

진달래의 사(事)와 리(理)
그것의 다름을
또한 다르지 않음을

진달래 앞에서
나는 아이인가 어른인가
어른일 것인가 아이일 것인가

바닥

방바닥에 납작 엎어져서 배를 깔고 시집을 읽는다. 의자에 반듯이 앉아서는 읽을 수 없는 것이 시집이다. 서서 돌아다니면서는 더더욱 읽을 수 없는 것이 시집이다.

시는 바닥에서 나서 바닥에서 살다가 바닥에서 죽는다. 바닥을 떠난 시는 물 밖에 나온 물고기와 진배없이 헐떡이다 급기야 질식하고 만다.

바닥은 중력에 순응하는 굴욕이다. 그런데 중력에 맞서는 힘의 원천 또한 바닥이다. 바닥을 친 중력은 무기력하다. 그런데 중력이 친 바닥은 힘으로 깨어난다.

모든 지친 것들은 바닥으로 내려앉아 쉬거나 자거나 한다. 바닥은 낮고 낮기에 높아질 수 있지만 높아짐을 서두를 까닭이 없다. 슬그머니 도로 내려앉아도 부끄러울 이유가 없다.

방바닥에 납작 엎어져서 배를 깔고 시집을 읽으면 시들의 바닥이 보인다. 지친 글자들이 널브러져 의미조차 해이해지지만 시의 바닥은 살아 있다.

오로지 바닥에서만 살아 꿈틀거리는 시를 읽을 수 있다. 바닥 위로 높아질 때 시들이 의미의 힘을 더 갖는 듯이 보이기도 하지만 그 힘은 한갓 중력의 그물에 갇힌 헛심일 뿐이다.

구석

반듯한 가구들
쓸모 있는 집기들
보여주고 싶은 주인의 자랑들이
제 자리 차근차근 잡고 나면
좁고 못난 자투리의
구석이 생긴다

구석에는
버리기 아깝지만 언제 쓰일지 모르는 것
감추어 드러나지 말아야 할 것
잊혀 지내다 다음 이사 때 주인을 놀라게 하는 것
그저 그렇고 그런 것들이 하나 둘 모인다

방의 본래 흔적인
구석에서
그저 그렇고 그런 것들이
방이 살아 온 사연들과

주인의 인생과 성품과 습관을
뒷담화로 두런거린다

구석은
잃어버린 구슬을 찾느라
말 못할 무엇인가 숨길 곳을 찾느라
아이들이 은밀하게 찾아줄 때
가끔 혹은 아주 가끔
당당해진다

얼룩

나와
나 아닌 나와
그들이 있는 세상과

온전히 하나일 수는 없으므로

같음을 품고
다름만을 드러내어
얼룩 시울 것이 아니라

나 안의 나
나 밖의 나
그들이 사는 몸이

허무히 갈라질 수는 없으므로

같음만을 찾고

다름을 감추려 하여
얼룩들을 다 지워버릴 것이 아니라

쓸모

쓸모없는 것들은 투명하다
쓸모없는 것들에는 떨림이 있다

동그라미의 시작과 어긋난 끝
호명과 응답의 원치 않은 불일치
사이를 상실한 틀과 틀

쓸모없는 것들은 어둡다
쓸모없는 것들에는 주름이 있다

가려다 만 여행, 오지 못한 친구
구름에 가려진 햇살, 무지개가 될 뻔했던 물방울들
사랑할 수 없었던 사람, 사랑한다고 말하지 못한 사람

쓸모없는 시간에 쓸모없는 생각에
쓸모없는 것들이 참 많다
다행이다
정말 다행이다

동면(冬眠)

북쪽에서 온 칼바람이 산들을 죽였다
죽음을 확인한 하늘이 제각각의 산에 맞게
얇거나 두꺼운 소복을 입히고
애도하는 새들은 따뜻한 곳으로 잠시 보냈다
산에 순종하던 짐승들은
산의 죽음을 예감이라도 한 듯이
미리 깊은 잠에 빠졌고
산에 순종하지 않게 된 인간들은
산의 죽음을 알지 못하거나 못 본 체 하거나
더 유난을 떨며 칼바람을 탓하고 북쪽을 탓하고
심지어 하늘을 탓하기도 했다

남들 잘 때 공부를 해야 남을 앞설 수 있다던
어머니가 그래도 이때 치매에 걸려
꽁꽁 얼어붙은 길바닥을 헤매지 않고
착한 동생 집에서 꼼짝 없이 방과 꿈 사이를 오가는 것은

참으로 다행인지 모른다

산은 죽은 것이 아니라
짐승과 인간 모두에게 풀과 나무 모두에게
죽고 사는 연습을 시키고 있는 것인지 모른다
칼바람은 산들을 죽인 것이 아니라
순종을 모르는 인간들의 텅 빈 가슴을 찌른 것인지 모
른다

따뜻한 곳으로 가 산란을 하고 어린 새끼를 키워낸
새들이 돌아오면
그들이 물고 온 남쪽의 온기가
산들을 소생시키고
새싹을 틔우고 짐승들의 잠을 깨울 것이지만
어머니는 오히려 더 깊은 잠에 빠져들지 모른다

이토록 아무 것도 모르는 나를 위해

수도원의 종소리가 울렸으면 좋겠다
남들보다 앞서기 위해 죽어라고 일해 온 나를 위해
색즉시공 공즉시색 독경소리 들렸으면 좋겠다

잠의 산 속에서

그땐 왜 그랬을까

바위에 걸터앉아 쉬면서도 나는 생각하고
맑은 개울은 거침없이 흘렀다.

이게 맞는 걸까

이미 정하고 온 일인데 나는 불안하고
도토리 하나 그냥 툭 떨어졌다.

어떻게 될까

길인지 아닌지 허둥대며 나는 찾고 또 찾고
바람소리 음전하게 숲을 달리고 있었다.

비가 오니까 걷는다

무언가 있을 것이다
그냥 비가 올 리 없다

걸어야 한다
걸으며 그 까닭을 생각해야 한다

우산의 지붕만큼만 나를 남기고, 그래
나머지는 비에 다 맡기는 것이다

빗속으로 가신 어머니, 이 비가
내 어머니의 비일는지 모른다

빗속으로 가시며
아버지는 아무 말씀도 남기지 않으셨다

또닥또닥 우산이 걸으며
나를 레테(Lethe)의 강으로 이끈다

우산을 접고, 무서움에
걸음을 멈춘다

무언가 있을 것이다
그냥 비가 그칠 리 없다

하늘의 품

하늘의 품에서
빛과 어둠이 논다
바람과 구름과 새들이 논다

텅 비어 있어서
끝없이 열려 있어서
달라지고 또 새로워지고 있어서

빛과 어둠은, 바람과 구름과 새들은
서로 다투지 않고
부족함이 없이 어울려 논다

나는
어떤 품에서 어떻게 놀고 있는가
어떤 품이어서 무엇들이 어떻게 놀고 있는가

이른 봄 산새

내가 너를 쫓지 않는데
너는 자꾸 달아나는구나

말이 통하지 않으면
눈으로 통하고
그것도 아니면
떨고 있는 네 가슴 털 하나 뜯어 날려라
날리는 그 털 내가 쫓아가다
차라리 돌부리에 걸려 넘어지기라도 하면
너는 깔깔 웃어라

겨우내 얼어붙어 먹먹한 바위 틈
그 한 줌 흙에 온몸을 매단
낙락(落落) 가지 끝을
그리도 짓궂게 놀리지 말고
이리 와서 드디어 봄의 노래를 불러다오

그렇게 자꾸 달아나는 너의 길이 어딘지 모르겠다만
어디선가 훨훨 다시 만나지 않으랴

봄은 늦어도
하늘은 이미 따스해지고 있지 않느냐

새가 본 비행기

재들은 멍하게 날지 않니
동무는 아랑곳 않고
혼자 힘없이
억지로 나는 것 같지 않니

재들은 나는 게 즐겁지 않은가봐
춤도 노래도 없이
산 너머 강 건너 일들을
날갯짓으로 속삭이고 싶지도 않은가봐

재들은 나뭇가지 높은 데 둥지를 틀 수 없어
바람처럼 가볍지 않아서
나무 따라 하늘 따라 진화하지 않아서
부딪혀 깨질까 두려워하면서도 굳이 땅으로만 내려앉아야 해

재들은 사람들을 먹이로 태우고 다닌데

기름먹이 돈으로 채워줄 사람
서로 죽이거나 해코지 않을 사람
온갖 조사를 다하며 불안하게 사람들을 골라서 태운데

쟤들은 새를 꿈꾸었던 비행기래
새를 모르면서
새가 되었다고 믿는
사람들의 헛된 꿈이래

가지 끝 새

중력을 몸으로 알아
중력에서 자유롭다

과식이 없는
가벼운 삶 덕분이다

노곤한 졸음에
바람이 여유롭다

가지 끝
흔들림보다 더 큰 새가 앉는다

높이 앉아 멀리 보니
맑고 고고하다

중력에서 자유로운
주사위 놀이다

가볍게 춤추고 맑게 노래하는
니체의 후예이다

낙타

가볍게 춤을 추고 싶은데
춤추는 저 아이가 부러운데
내 잔등의 혹이 무거워서
뛰어 오를 수가 없어

짐을 지거나 사람을 태워야 하는 숙명이
따로 있는 걸까

길 없는 사막에서 묵묵히 길을 찾아가는 습성이
나의 참 미덕일까

찌는 태양
지독한 모래바람
살 속까지 파고드는 밤의 한기에
동무들도 나처럼
이토록 약해지는 마음일까

나는 낙타다
나는 낙타가 아니다

이를 다 드러내고 활짝 웃고 싶은데
저 아이 마냥 깔깔거리고 싶은데
물고 있는 재갈 때문에
내 입마저 한껏 벌릴 수가 없어

나는 낙타가 아니다
나는 낙타가 아닌 것도 아니다

버려진 고양이

두 다리 곧추 세우고
젖은 주둥이 처박은 채
쓰레기 봉지 찢어발기다
놀란 내 발길
원망스레 노려보는
저 고양이

이미 들 잃은 집고양이
다시 집 잃은 들고양이

허기진 야만을
네가 들킨 것인가
감추어진 야만을
내가 들킨 것인가

놀란 한 발길 들판으로 도망치고
놀란 다른 발길 집으로 도망치는

도시의 들판 위로
가로등 달빛 쏟아진다
차갑게 쏟아진다

갈겨니

1.

압록이면 어떻고
낙동이면 어떠랴
큰 바다 탐한 적 없이
헛된 이념 새긴 적 없이

맑은 원류(源流) 향해
한 길 한 길 헤엄으로

가난하지 않은 길에
비만하지 않은 살이

내 몸은 온통
강물의 흐름
강물의 흐름

2.

물벌레 울음 먹고
등 목에 녹갈(綠褐)
물벌레 꿈을 삼키어
배 가슴 은백(銀白)

한 뼘 무욕한
내 은총
검은 눈으로

그렇다고 무심하지 않은
내 사랑
깊은 눈으로

3.

눈 녹고
얼음 풀리어

차례차례 봄꽃
샛강 실어 나르면

신록 힘찬 새 소리
춘분에서 하지로
강물 달뜨면

붉어가는 사랑의 소명
몸 빛깔 바뀜으로

내가 수컷인 줄
네가 암컷인 줄
우리가 사랑인 줄

때는 혼인의 유월
때는 산란의 팔월

4.

영산이면 어떻고
두만이면 어떠랴
돌고 도는 한 흐름
사상에 나누인 적 없어

비 내리면 젖고
강안개는 품으며
봄물에 씻고
가을물에 가다듬으니

이 모두 타고 난
아름다운 만남
만남의 아름다움

4부

출장

북해도 겨울에는
때도 없이 눈이 온다

대낮의 어둠 사이
잿빛 구름 마을까지 내려온다

눈발 그치면
까마귀 그악스레 울어댄다

삿포로 사람들은 씩씩하게 길을 걷고
이방의 나는 넘어지고 넘어진다

사랑은 없고 일만 있는 출장에
겨울밤은 길고 길다

겨울밤 고속버스

차창에 서린 물기를
커튼으로 닦으면
검은 산 사이로
검은 산이 달리고
서녘 햇발의 잔광이
산 아래 마을들을 뿌리치고
꼬리를 끌며
고속의 버스와 함께 내달린다

차갑게 굳어가는
아스팔트 길 위에서
요금만큼의 자리를 차지한 승객들이
목적을 잠시 접고
새우잠을 청할 때
차창 너머 밤별을 보며
나 혼자
큰 눈을 말똥말똥 굴린다

서울역 홈리스(Homeless)

집을 찾아 떠나고
집을 찾아 돌아오는
분주한 발길 위에
조촐하게 집을 정한 홈리스
그들만이 느긋하다

갈 곳이 없기에
갈 곳이 많은
그들만이 자유롭다

왕조의 파발마가
기적(汽笛)으로 되우는
콘크리트 역사(驛舍)에서
포스트모던 국가의 충직한 백성들이
까닭 모를 세상 탓에
모난 얼굴 곧 세우고
적십자, 녹십자, 백십자

온갖 십자가의 은총을 기다린다

공복을 채우면
곧 저주로 변할
잠시의 축복에 세상은 평화롭고
구원은 그들에게
무능과 게으름의 탓을 주장한다

불안한 다행의 옷깃들을 세우고
집으로 집으로 사라져가는
생각 많은 발길들 속에
생각 없이 잠 못 드는 홈리스

그들이 나를 본다
내 게걸음 곁눈과 달리
그들은 곧장 나를 본다

풍요의 시대를
동행하는 '우리'이건만
왜 나는 '그들'을
눈 속까지 다 보지 못하고
이리도 발길이 급해지나

건봉사(乾鳳寺)

금강산 품이어도
남녘 끝에 가뭇없고
동해 시울이나
서녘으로 아련하다

단 이슬 봉우리서
번은 계곡 둘로 나눠
하나는 적멸(寂滅)이요
또 하나 원각(圓覺)일세

나눈 여울 굳게 이은
능파(凌波) 다리 무지개 곁
오백년 팽나무가
세간(世間) 무상 깨우치건만

왜란에 강탈되고
동란으로 폐허 되니

봉황 바위 기운 꺾기냐
왕조 바뀜에 침묵한 죄이더냐

있다가 없는 것이 없다가도 있으니
불이(不二)를 깨닫자면
염불 그윽 드리게나
관세음보살 나무아미타불

저녁 삼포

서녘으로
갯바람이 내달리는
모래톱에 서면
손끝 가득 비릿한
엄마의 젖내

숨을 쉴 때마다
한 모금씩
검붉게 타들어 가는
저 먼
일몰(日沒) 너머로

어둠을 먹고
노랗게 익어가던
낮달이
기어코 내 안으로 와
울었다

해금강

쪽빛 바다 저만치
우뚝 솟은 바위섬

해송 숲으로
정갈히 치장하고

하늘을 맞노라
운무와 노니노라

앞 섬 품에 안고
뒤 섬 등에 지고

뱃길 내어주며
물길 따라 사노라

조금은 조금대로
사리는 사리대로

아침 먼저 동이 트고
저녁 나중 해가 지는

남해의 깨달음
보라, 금강의 남해

화북포구

소리의 바다
깊은 곳에서 자라는
미처 태어나지 않은 소리들
있는 줄도 몰랐던 소리들
밀물을 따라
해안가로 부서질 때
썰물을 따라
갯벌로 흩어질 때
그 아픔을
처음으로, 처음의 마음으로 만지는
소름 끼치도록 경건한 해탈

한라, 오월이었다

영실(靈室) 병풍바위 앞에
서 있을 뿐인 것이

하산하는 비바람 사이로
잠깐 잠깐 보이는 얼굴들이
천 년 전 가출한 어느 각시 같기도 하고
그네를 쫓아낸 벙어리 냉가슴 같기도 하고

그냥 서 있는 바위 앞에서
답도 없을 질문들에
눈물은 왜 흐르는지

또 다른 천 년을 길 잃고 우는 아이 같기도 하고
환생한 아이 젖 달라 칭얼대는 소리 같기도 하고

때로는 멀리 때로는 가까이
잠깐 잠깐 보이는 얼굴들이

털진달래 철쭉 사이로
붉게 마른 숨소리에

서 있을 뿐인 것이
마냥 서 있을 뿐인 것이

선작지왇(한라산 1,700고지)

조릿대 덤불 사이
불쑥 우뚝 돌 바위 서서
밭 아닌 밭이 된
한라의 어깨자락

컹컹 노루 소리
윗세오름 남벽 치고
놀란 안개
바람에 흐르다
작은 개울 만들고 숨기는데

저 꽃들 어디서 와 피었나
누가 여기를 처음 찾았나
물어도 어느 누구
대답 줄 리 없건마는

미처 집으로 오지 못한 산사람의 돌무덤에

마음 조금씩 떼어 묻고 돌아서는 산벗들

언제 또 산이 폭발하고
언제 새 하늘이 다시 열릴지
하릴없이 묻고 또 묻는구나

가평 장락산

산을 대신하여 그가 말했다
이는 알록제비꽃
이번에는 꿩의다리
다음에는 각시붓꽃
또 매화말발도리

꽃으로 산이 다 아님은 알았지만
꽃이 산의 기다림인 줄은 몰랐다

는개 속으로 숲이 이어지고
행군은 조심스러웠다
발자국 소리에 산이 깨어나는
그 수줍음이 고마워서
벙긋벙긋 많이 웃고 말은 적게 했다

늦은 진달래도 이미 많이 지고
남은 몸짓으로 재회를 호소했다

산을 대신하여 그가
살아내는 기다림을 얘기했다

마사이

전통을 명예로 삼는 이들에게
궁핍은 함부로 붙일 이름이 아니다

어떻게 살아야 하는지
저도 모르면서
관광객들은 마사이에게
학교를 묻고
국경을 묻고
행복을 묻지만
마사이는 굳게 입을 다물거나
빙그레 웃기만 한다

사람을 모으고 돈을 모아
첨탑의 교회를 세우지 않아도
당나귀 등에 새겨진 십자가로
그리스도를 돌보는 마사이
걷고 또 걸어

그들의 걸음은 천국을 향한다

마사이 곁에는
소가 있고 염소가 있고
풀이 있고 바람이 있고
그들을 닮은 아이들이 있고
아이들의 웃음이 있으니

유목을 일상으로 삶는 이들에게
정착은 함부로 권할 가치가 아니다

안나푸르나의 포터

내 짐을 남에게 맡기고
몇 푼 짐삯으로 행세하는
이름 모를 남들의 짐을
내 짐으로 여기는 사람

백 번을 나르면 용서
천 번을 나르면 사랑
만 번을 나르면 해탈

이마에 줄을 동여매고
대바구니 가득
생존이 짐스러울 때
히말라야의 역사가
내 포터 아비가 할아비가
짐의 의미를 가르친다

무릎에 힘을 싣지 말고

믿음에 의지하라
땅을 주시하되
눈을 멀리 두라
가슴이 당기면 허리에
허리가 부대끼면 팔뚝에
온 몸으로 짐을 나르라
온 마음으로 짐을 나르라

그리하면 짐으로 인해
우리는 하나
네 짐이 내 짐이요
내 짐이 네 짐이다

오며가며 힘차게 외치는
나마스테이(Namaste)!

짐을 즐겨 지는 자

사람을 사랑하고
사람을 사랑하는 자
진정 히말라야의 아들이다

백 번을 나르면 용서
천 번을 나르면 사랑
만 번을 나르면 해탈

카트만두

무엇이든 꼭 해야겠다면 네팔로 가자
네팔에 가서 아무 것도 하지 말고
그냥 히말라야로 가자

바삐 걸을 생각을 버리면
멀리 걸을 수 있다
뜻을 버리면
뜻을 볼 수 있다

오염의 도시
혼잡의 도시
시간이 제멋대로 멈추고 흐르는
카트만두

그래도 그곳이
네팔의 시작이다
히말라야의 내일이다

마차푸차레(Machhaphuchhare, 해발 6,993m)

네팔에는 신 아닌 것이 없다
소도 개도 산도 나무도 다 신이다
눈으로 보는 것만 아니라
보이지 않는 외경(畏敬) 모두가 신이다

그 신들 가운데 현저히 우뚝 솟아
바라보고 섬기기는 하되
감히 오르지는 못할
물고기 꼬리라고도 하고
산의 여왕이라고도 하는
살아있는 가르침
마차푸차레

하나의 신도 온전히 섬기지 못하는
이방인의 허튼 걸음조차
한시도 눈을 떼지 않고 보살피는
안나푸르나의 어머니

자애로운 여신
마차푸차레

파리의 노숙자

두려운 마음으로 그들을 찍었습니다

왜 찍느냐고 대들까봐
달려들어 카메라를 뺏을까봐

그러나 정작 큰 내 두려움은
그들 한 사람 한 사람의 눈을 고스란히 담지 못할까봐
사진에 담느라 그들을 깊이 보지 못할까봐
보기만 하느라 마음에 새기지 못할까봐

그러나 정작 더 큰 내 두려움은
사진 찍는 나를 그들이 증오할까봐
그 증오에 내 알량한 관심이 흔들릴까봐
그 흔들리는 관심으로 나와 그들 사이 '와'를 철저히 성
찰하지 못할까봐
그 성찰과 실천 사이 '과'가 너무 멀지나 않을까봐

그래도 나는
에펠탑만 기억하지 않기 위해서
루브르만 향유하지 않기 위해서
두려움을 무릅쓰고
한 사람 한 사람 그들을 찍었습니다

에펠탑의 새

모든 새가
에펠탑 꼭대기로 날아오르지 않는다

샹젤리제 하수구에서 생존을 구걸하지 않고
베르사이유 사냥터에서 왕조를 통찰하며
개선문의 영욕을 대대로 굽어본
명가의 새들만이
에펠탑 위로 날아오른다

가슴이 벅차고 호흡이 다해도
파리의 이야기를 후세에 전하려는
역사만큼 강한 날개를 가진
실존의 새들만이
에펠탑 꼭대기에 둥지를 튼다

몬세라트(Montserrat, 스페인 동부의 명산성소)

신이 큰 바위를 톱으로 썰어 만들었다는
마침내 산이 된 바다의 그리움이라는
인간은 알 수 없는 세계

그래서 감사하지 않는 자
숙연하지 않는 자
올라서도 뵐 수 없는 까만 성모(聖母)
기다려도 들을 수 없는 에스꼴라니아(Escolania) 소년들
의 합창

기도의 촛불로 자신을 까맣게 태울 수 없다면
사랑으로 맑아진 귀조차 없다면

카페에서 커피나 한 잔 하고
기념품 가게에서 선물 하나 사서
지친 다리 끌며 내려가거라
준비될 때 다시 오거라

프놈바켕의 낙조(落照)

해 지는 모습
처음 보지 않았을 텐데
세계 각국 온갖 얼굴들이
프놈바켕 사원터에 기어올라
빼곡히 낙조를 기다렸다

나 역시 대열에 끼여
가파른 산길 계단을 오르고
구름 사이 낙조를 보다가
낙조 기다리는 얼굴들 쳐다보다가
누군가 관광안내서에 적힌 대로
동남 방향 앙코르왓트를 보라고 해서
보이지 않는 앙코르왓트를 나도 애써 찾았다

역사는 그렇게 오늘의 눈길들 속에서
함께 살아가고 있었다

어떤 이에게는 상품으로
어떤 이에게는 학습으로
어떤 이에게는 하나된 마음으로

방콕의 수상시장, 담넌 사두억

뱃전에 걸친 몸통 위로
시선만 유독 살아서 번득이는
구릿빛 아이의 애비는 노를 젓고
조금 더 유복한 이웃의 모터보트는
황톳물을
황톳물을
석유 냄새로 마구 뒤엎으며
마치 꾸며놓은 듯이 가난한
수로의 민가들을 돌아눕게 한다

물건을 파는 곳인지
사람을 파는 곳인지
시장에는 물건보다 사람이 더 넘치지만
과일을 사는 나와
음식을 사는 그들 사이에
기다란 보트마다 가장 많이 팔고 사는 것은
역사와 전통이며

그 또한 짝퉁과 키치(Kitsch)들이다

어떻게 살아야 잘 사는 것인지
관광객을 태운 보트와
상인을 실은 보트들이
알아듣지 못할 언어로 아우성을 치며
한껏 주장을 해대는
그 소란 바로 몇 분 너머에

아이를 씻기다 말고
귀가하는 가장의 손에 들린 까만 비닐봉지를 바라보는
불국(佛國)의 아낙이 있다

수로 귀퉁이를 골라 불안하게 뿌리 내린
나무아미타불 연화(蓮花)는
오늘도 꽃을 피우지 못하고
관세음보살 옷깃 황톳물 위로 흘러가는

이름 모를 꽃씨들의 여행은
다름이 사라지고 닮음만 남아가는
지구의 내일이다

필라델피아

검은 고양이 루피를 기르는 서양 집에 고양이를 싫어하는 동양의 나그네가 틈이 벌어져 다 닫히지 않는 문 삐걱거리는 목조 이층의 방 값을 인터넷으로 이미 다 계산하고도 서로 이름조차 나누지 않은 채 제각기 자신의 언어로 침묵하면서 나소곳이 최소한의 용무를 마치고 그 서양 집 처마에 매달린 동양의 풍경 소리를 들으며 '침대와 아침밥'(B&B)이라는 상품의 바람 드센 겨울밤 하루를 뜬눈으로 묵었다

여행의 순환 공식

거리는 속도에 반비례
속도는 안정에 반비례
안정은 욕망에 반비례
욕망은 무심에 반비례
무심은 인위에 반비례
인위는 풍경에 반비례
풍경은 거리에 반비례

여행의 거리와 속도와 안정과 욕망과 무심과 인위와 풍경

한 여행이 이를 다 취할 수 없으므로 중심을 잡아야 하는 법
이들 사이 함수가 하나의 여행을 만드는 법

이 모두를
금전이 좌우한다고 착각도 하는 법
그 착각은 여행과 관광 사이에서 곧 나타나는 법

해설

시로 쓴 교육학 개론

시로 쓴 교육학 개론

고 형 진
(고려대 교수, 문학평론가)

내가 조용환 선생을 처음 만난 것은 그가 창설한 한국교육인류학회의 모임에서였는데, 그날 내가 겪은 그 강렬하고 훈훈했던 학회의 경험은 두고두고 잊지 못할 것이다. 그날 딱 한 번 참여했던 그 학회는 내가 만난 종전의 학회와는 전혀 다른 분위기와 사람들로 이루어져 있었다. 교육인류학회 회원도 아니며 평소 그 분야에 문외한인 내가 그 학회에 가게 된 것도 사실 좀 의외였다. 같은 학교에 근무하는 가까운 동료 교수 한 분이 당시 그 학회의 회장이었는데, 내가 학교의 소모임에서 백석 시에 대해 발표하는 것을 듣고는 바로 자기 학회에 특강을 요청한 것이다. 교육인류학회와 백석이 무슨 상관이 있는가 싶었지만, 시와 언어에 대한 얘기를 해 주면 된다는 말에 요청을 수락해서 그 학회에 특강

차 참석하게 되었다. 다른 학회에서 흔히 해 왔던 특강과 비슷하겠거니 하고 참석한 나는 연단에 올라서자마자 심상치 않은 분위기를 감지하였다. 강단과 무대에서는 이라면 누구라도 그렇듯 약간의 긴장감으로 객석을 바라보는 순간 나는 전에 한 번도 느껴보지 못했던 청중들의 눈빛을 보았다. 그렇게 선하고 수용적인 청중들의 눈빛을 마주 한 것은 내 생애에 처음이었다. 객석에 자리한 200여 명의 회원들은 일제히 더없이 순하고 착한 눈빛으로 내 말을 들으려는 자세였다. 군대가 아니고서야 몇 명은 한 눈도 팔고, 또 몇 명은 삐딱한 눈빛으로 강연자의 흠을 잡으려는 태도를 보이는 것이 보통인데, 그들은 모두가 나를 주시하고 내 말을 받아들이려는 태도였다. 그것도 아주 지적인 눈빛으로 말이다. 그러니 그것은 교회 안의 맹신도가 보이는 맹목적인 순종과도 전혀 다른 것이었다. 그런 따뜻한 수용자가 청중으로 자리하고 있다면 어느 누구라도 강의가 쉽게 풀릴 것이다. 나 역시 그날 말이 술술 나와 아주 만족한 강의를 하였다. 나는 다른 사람의 말을 들어준다는 것이 어떤 것인지, 그리고 그것이 어떤 효과를 가져 오는 것인지를 그날 똑똑히 목격하고, 가슴 깊이 깨달았다. 그날 이후 나도 앞으로는 다른 사람의 말을 잘 경청하겠노라 다짐하고 또 다짐했다.

놀라운 것은 그뿐이 아니었다. 특강과 발표를 듣고 질의응답을 하는 보통의 학회와 달리, 그들은 각자 한 명씩 일어나서 그동안 겪었던 일들을 전하고 그 소회를 간단히 말하면서 자기소개를 하는 것이 아닌가. 말하자면 학회 회원들이 각자 자기 근황을 전하는 것이었다. 그것도 200여 명의 회원들 모두가 한 사람도 빠짐없이! 회원들은 대부분 교육학자이거나 교사이고, 교육학을 전공한 상담사들이었다. 그러니 그들이 전하는 근황이라는 것이 대부분 교육과 관련된 것들이었다. 그들은 각자 지난 학회 이후 일어났던 교육 현장에서의 경험담을 말하는 것이었다. 나는 평소 교육이란 현장 교과라는 신념을 강하게 지니고 있었다. 교육은 현장에서 사람과 사람 사이에 이루어지는 일이다. 현장의 환경과 분위기, 그리고 그 안에 속한 각양각색의 사람들에게 그들보다 앞에 태어난 사람들이 의미 있는 뭔가를 전하는 것이 바로 교육 아닌가. 그러니 그것은 아주 구체적이고 세밀한 현장 교과이고 학문이어야 한다. 하지만, 오늘날 교육학의 주류는 거시적인 사회과학인 듯하다. 그들은 통계를 내고 방법론을 논하고 정책을 개발하는 일에 몰두하는데, 그런 것들은 대체로 교육 현장과는 거리가 있을 수밖에 없다. 말하자면 교육이라는 이름의 많은 연구와 정책이라는 것이 실제 현장에서는 별 쓸모없거나, 심지어 해가 되는 경우도 적지 않다. 교육이란 서로 다른 환경 속에 놓인 서로 다른 인간들에게 그에 걸맞은 서로 다른 방식으로 이루어져야 하는 것이다. 이때 명심해야 할 것이 유연한 태도이다. 그 때 그때 달라야 한다는 말이다. 그러니 어떤 교육 방법과 정책이 제시된다면 십중팔구 현장에서는 교육에 대한 억압으로 작용할 소지가 많다. 그래서 위에서 내려오는 교육에 관한 그 어떤 방법과 정책도 최대한 절제되는 것이 좋다. 적어도 교육에 관한 일들은 가장 보수적이어야 한다는 말은 그래서 경청해야 할 경구인 것이다. 현장 교과인 교육은 많은 현장 경험이 요구된다. 그런데 직접 경험은 한정되어 있으므로 간접 경험으로 보충할 수밖에 없다. 교육인류학회 회원들이 각자 사담을 곁들여 교육 담을 전하는 것은 바로 그 간접 경험을 생생한 직접 경험으로 승화시키는 순간이었다. 그 학회 모임은 천금으로도 살 수 없는 교육경험을 온몸으로 받아들이는 생생한 교육 현장이었던 것이다. 나는 그날 교육학의 진정한 실천 현장을 보았다. 그토록 살아 있는 교육학을 주도하고 있는 이가 바로 조용환 선생이었다.

조용환 선생으로부터 시집 발문을 써 달라는 부탁을

받고 그날의 기억을 떠올렸고, 그의 교육학이 온몸으로 이루어지는 것임을 다시 한 번 느꼈다. 조용환 선생이 그동안 시를 써왔다는 것은 그의 교육학이 머리에서 나오는 것이 아니라 가슴 속에서 발현되는 것이며, 그가 주도하는 질적 교육학이 진정성을 지닌 것임을 고스란히 전하는 것이다. 시와 교육학은 둘 다 현장 교과이자 예술이라는 점에서 공통점을 지닌다. 시의 방법을 몇 마디로 말하는 것은 위험한 것이지만 정통 시의 범주에서 대표적인 금기사항은 관념으로부터 출발하는 것이다. 시는 구체적인 사물과 경험으로부터 시작해야 한다고 시의 교과서는 말한다. 정통 시에서 이미지가 중요한 것은 그 때문이다. 관념에서 출발한 시는 실상에서 벗어나 있고 감동도 주지 않는다. 감각적인 이미지를 통해 어떤 느낌과 생각을 전할 때 그 메시지는 진정성을 갖고, 독자의 공감도 얻을 수 있다. 교육학도 현장에서 촉발되어 그곳에서 답을 구해야 하는 것이다. 그러니 교육학의 올바른 실천을 구현해 나가는 조용환 선생이 시를 쓴다는 사실은 어쩌면 자연스러운 일이다. 그것은 사랑의 섬광이 스치는 순간 누구나 시인이 되는 것과 같은 것이다. 하지만 불꽃같은 사랑을 누구나 갖는 것은 아니며, 그 사랑의 벼락이 그를 시인처럼 만드나 그렇다고 그들이 모두 시적 표현을 할 수 있는 것은 아니다. 여기서 시 쓰는 교육학자 조용환 선생의 언행일치와 함께, 그의 학문적 진정성과 예술적 기품을 느끼게 된다.

내 밥과 반찬이 더러워져도 아주 약간만 더러워지는 것임을
내 아기의 얼굴을 핥더라도 잠시 그러다 말 뿐임을
병균을 옮긴다 하지만 주변을 깨끗이 하지 않았을 때의 일임을
앵앵거림에 신경이 쓰이면 음악을 조금 더 크게 틀면 됨을
무섭도록 적막한 공간에 뜻하지 않은 비행이 반가울 수도 있음을
추운 겨울이면 보고 싶어도 볼 수 없음을

그를 통해서
나를 위하지 않는 존재도 있음을
나를 해하는 존재도 알고 보면 나를 해할 뜻이 없음을
모든 존재들이 나와 다름을
그래서 오히려 우리가 하나임을

깨닫고
으레 그러려니 해야 한다
파리를 기르기 위해서는

「파리 한 마리 기르시겠습니까」 전문

시집 첫 머리에 놓여 있는 이 시는 시집 안에 녹아 있는 시인의 생각과 태도가 압축되어 있다. 그는 학자답게 자신의 시를 내용 별로 조리 있게 정리하고, 의미 있게 배열하여 한 권의 시집으로 엮어 세상에 내 놓고 있다. 꼼꼼하게 성성을 기울이는 모습과 그렇게 해서 완성된 것은 언제나 아름답다.

이 시의 소재인 '파리'는 아주 구체적인 사물이고, 그 곤충과의 접촉은 더없이 감각적인 경험이다. 뿐만 아니라 그 일상의 경험은 누구에게나 일어나는 일이어서 보편성을 지니는 것이다. 조용환 선생은 그 파리와의 접촉을 그대로 진술하고 있는데, 그 보편적 일상 경험에 대한 핍진한 서술은 독자들의 폭넓은 공감을 얻기에 안성맞춤이다. 그렇다고 이 시가 경험의 재구에만 머무는 것은 아니다. 이 시의 진정한 미덕은 경험 속에서 길어 올린 사유의 신선함이다. 그는 누구나 기피하는 불결한 곤충인 파리를 긍정적으로 바라본다. 자신을 괴롭혀도 그를 탓하지 않고 그것을 극복할 수 있는 방법을 내 안에서 찾는다. 그리하여 궁극적으로는 세상의 존재들이 모두 나와 다르므로 그것을 인정하며 살아가야 함을 깨닫는다. 이 시에서 그처럼 다른 것들로 이루어진 이 세상 모든 존재의 합이 바로 '우리'이며, 그것으로 '우리가 하나'라는 진술은 강한 울림으로 메아리친다. '하나'라는 것이 단일체가 아니라 복합체이며, 동질적 집단의 모임이 아니라 이질적이고 적대적 집단의 합이라는 정의는 이 시가 거두고 있는 빛나는 성취이다. 시는 세상의 진실을 통찰하고, 말의 함의를 새롭게 정립한다. 그리하여 궁극적으로 시는 말을 통해 세상을 개혁하고 더 나은 세상을 만드는 데 일조한다. 이 한편의 시는 우리들이 사는 세상을 더 아름답고 따뜻하게 변혁시키는 씨앗이 될 것이다. 우리는 조용환 선생이 뿌린 이 아름다운 언어의 씨앗을 시집 곳곳에서 만나게 된다. 그는 '파리'뿐만 아니라, '무좀'이란 내 몸의 피부에서, 또는 '구석', '바닥'이라는 사물의 특정 부분에서, 또는 '그림자'라는 존재의 또 다른 실체에서 '서로 다른 하나의 우리'를 본다. '파리'가 기피 곤충이듯 '무좀', '구석', '바닥', '그림자' 역시 무시되거나 경원시되는 존재들이다. 그는 그 홀대받는 것들에서 의미 있는 가치를 집어 내 '하나의 우리'를 만들어 낸다.

'서로 다른 하나의 우리'를 엮어 내는 이 넉넉하고 따뜻한 사랑의 소유자가 자연을 사랑한다는 것은 지극히 당연한 일이다. 이 시집에서 대표 시어를 꼽는다면 그것은 바로 '꽃'과 '새'가 될 것이다. 일상에서 빈번하게 이루어지는 '야식'은 꽃과 새에 견주어지는 순간 단번에 인간 욕망의 추한 행동으로 떨어진다. 꽃과 새는 야식이 없는데, 그것은 그것들이 밤에 잠이 들기 때문이다. 인간의 뒤늦은 잠자리는 사실 갖은 욕망의 산물인 것이다. 인간은 하늘을 나는 꿈으로 비행기를 만들었지만, 그 비행기는 새와 비교되는 순간 역시 인간의 헛된 욕망의 덩어리일 뿐임이 실감된다. 비행기는 새와 달리 기름과 승객이라는 돈의 욕망 없이는 날 수 없다. 또 새처럼 하늘의 가지 위에 앉을 수 없고, 즐겁지 않으며, 가볍지도 않다. 새를 닮고자 하는 비행의 꿈으로 빚어낸 비행기이건만 진짜 새와 비교되는 순간 그것은 인간 욕망의 전시장으로 전락하고 마는 것이다.

하늘의 품에서
빛과 어둠이 논다
바람과 구름과 새들이 논다

텅 비어 있어서
끝없이 열려 있어서
달라지고 또 새로워지고 있어서

빛과 어둠은, 바람과 구름과 새들은
서로 다투지 않고
부족함이 없이 어울려 논다

나는
어떤 품에서 어떻게 놀고 있는가
어떤 품이어서 무엇들이 어떻게 놀고 있는가

「하늘의 품」 전문

하늘이 지닌 무한한 여백의 지고지순함은 그곳이 새를 비롯한 자연물이 편안하고 자유롭게 살 수 있는 공간이라는 묘사에서 그 의미의 구체성이 생생히 살아난다. 새라는 동물의 창으로 하늘이라는 자연의 한없는 가치가 새삼 실감되는 것이다. 그런데 여기서 더 빛나는 감각은 하늘이라는 자연이 끝없이 달라지고 새로워지고 있다는 묘사이다. 그는 하늘의 여백뿐만 아니라 그곳의 변화를 관찰한다. 그리고 그 변화야말로 진정한 '하늘의 품'임을 전한다. 스승의 은혜에 빗대어지곤 하는 하늘의 그 커다란 품이 높고 넓은 여백뿐만 아니라 '자연의 변화'에 있다는 것은 놀라운 시적 관찰이다. 자연이란 말의 지시적 의미는 '스스로 그러하다'는 것이다. 자연이란 변화하는 상태라는 것이다. 변화란 곧 생명의 본질이다. 변화가 그치는 지점이 바로 죽음의 문턱이다. 변화하지 않는 것은 죽어 있음을 의미한다. 자연은 변화하면서 생명력을 간직하고, 그렇게 변화함으로써 세상의 모든 것을 받아들일 수 있다. 이 자연스러운 상태의 것, 그것이 곧 하늘처럼 세상에서 가장 넓고 큰 존재인 것이다. 노자의 사상에도 접맥되어 있는 이 '자연사상'이 궁극적으로 조용환 선생이 추구하는 삶의 가치로 보인다. 그가 인간의 욕망과 도시의 인공에 그토록 거부감을 갖는 것도 결국 그것이 자연스러운 상태가 아니기 때문이다. 그리하여 그는 완벽한 이성과 철저한 감성보다는 감정의 자연스러운 상태를 더 중시한다.

그땐 그랬습니다
지금은 아니지만

그땐 그랬습니다
지금이 아니기에

「후회」 전문

이 시는 동어반복을 통한 운율의 묘미와 체험의 구체성을 통해 '후회'란 말이 지닌 의미를 실감나게 전하고 있다. '언어'의 정의를 이처럼 시적으로 진술하는 것은 이 시집에서 종종 발견되는데, 그것은 조용환 선생 득의의 시적 방법이라고 할 만하다. 재치와 유머와 경험 사례가 어우러진 이 짤막한 '시적 언어정의론'은 다른 기성 시인들에게서는 볼 수 없는 것이다. 특히 그가 시도한 이 시적 언어정의는 말의 사전적, 지시적 의미를 넘어선다는 점에서 각별한 의의를 지닌다. '후회'에 대한 그의 시적 정의가 가리키는 것은 무엇일까? 그것은 궁극적으로 인간은 후회할 수밖에 없다는 것이다. '지금이 아니기에 그땐 그랬다'는 것은 지극히 인간적인 발언이다. 뒷일을 완벽하게 예상하며 모든 일을 처리하는 사람이 세상에 몇이나 될까? 인간으로 그것이 가능하기는 할까? 그렇게 할 수 없기 때문에 그가 인간일 것이다. 여기서 중요한 것은 일을 잘못하는 것이 아니라 그 잘못을 뒤에 깨닫고 뉘우치는 것, 즉, '후회' 한다는 사실에 있다. 인간은 '후회'하면서 인간적인 모습을 드러내는 동시에, 정직하고 더 나은 미래를 약속할 수 있는 것이다.

인간과 세상의 자연스러운 상태를 존중하면서 인간의 자발적인 감정과 자연을 사랑하고, 올바른 삶의 모습을 추구하는 그의 시편들에서 우리는 진정한 교육학자의 목소리를 듣게 된다. '노래는 참말이다'라는 말은 시의 동네에서 전해져오는 오랜 경구이다. 교육학자 조용환 선생이 시인의 목소리로 전하는 이 가슴 속 노래들이 진정한 교육의 언어로 울려 퍼져 혼탁한 이 세상이 조금이라도 정화되었으면 하는 바람이다.

지은이_ 조용환(趙鏞煥)

서울대학교에서 교육학 학사와 석사 공부를, 미국 일리노이대학교에서 교육학 박사 공부를 하였다.

한국교육개발원 연구원과 숙명여자대학교 교수를 역임하고, 1995년 이후 서울대학교에서 '교육다운 교육'을 찾고 이루기 위한 교학상장(敎學相長)에 진력하고 있다.

시인으로서가 아니라 '시를 사랑하는 사람' 혹은 '시 없이 살 수 없는 사람'으로서 시를 써 왔다.

시를 교육과 마찬가지로 '더 나은 인간 형성의 존재론적 지향'으로 삼고 있다.

우회로 [조용환 시집]

2015년 11월 5일 1판 1쇄 인쇄
2015년 11월 10일 1판 1쇄 발행

저 자 : 조 용 환
발행인 : 김 동 규
발행처 : 교육과학사

경기도 파주시 광인사길 71(문발동)
전화 : (031) 955-6956~8 팩스 : (031) 955-6037
Home-page : www.kyoyookbook.co.kr / E-mail : kyoyook@chol.com
등록 : 1970년 5월 18일 제2-73호

값 12,000원

ISBN 978-89-254-1004-3